WERNER EGK

17 Tage und 4 Minuten

Burleske Oper in drei Akten (fünf Bildern)
nach Calderon „El mayor encanto amor“

B. SCHOTT'S SÖHNE · MAINZ
Schott & Co. Ltd., London · B. Schott's Söhne (Editions Max Eschig), Paris
Schott Music Corp. (Associated Music Publishers Inc.), New York

Gesamtherstellung:
Mainzer Verlagsanstalt und Druckerei Will und Rothe KG, Mainz

Verlag: B. Schott's Söhne, Mainz · Printed in Germany

Zum Stil der Inszenierung

Die Oper handelt von dem Abenteuer des Ulyss auf der Insel der Circe. Der Stil des Werkes hat aber nichts mit der üblichen Darstellung der Antike zu tun. Er bewegt sich mit der Verwandlung von Menschen in Tiere, mit den skurrilen Gestalten der Insel, den plötzlichen Gewitterstürmen, der unvermittelten Beruhigung der Atmosphäre, der mitten im Tag hereinbrechenden Sternennacht und vielen anderen unwahrscheinlichen Geschehnissen zwischen Traum und Zauber. Alle diese Umstände sollten aber nicht dazu verführen, die Handlung ins unverbindlich Märchenhafte zu entrücken und damit unserer Anteilnahme zu entziehen. Die antike Fabel ist in Habitus und Gestus der Darsteller etwa in das ausgehende neunzehnte Jahrhundert, die belle epoque, transponiert. Es sollen direkte und unmittelbare Wirkungen angestrebt werden, nicht zuletzt durch das Aufgeben des antiken Kostüms, an dessen Stelle ein unserer Gegenwart nahes Kostüm tritt. Andererseits soll dadurch keine Parodie der Antike bewirkt werden, sondern die Aufhebung aller zeitlich fixierten historischen Vorstellungen zugunsten einer sich ausschließlich aus dem Stück selbst ergebenden Realität.

Im dritten Bild wurde das Sonett „O Venus, heller Stern" von Louize Labé, deutsch von Paul Zech, verwendet.

PERSONEN

Circe		Sopran
Lybia	Gefährtinnen der Circe	Sopran
Asträa	Gefährtinnen der Circe	Mezzosopran
Baba	Gefährtinnen der Circe	Alt
Arsidas, der von Circe entthronte König der Insel		Tenor
Brutamonte, ein Riese, Bruder des Polyphem		stumm
Eine Alte		Sopran
Ein Zwerg		Tenor
Ulyss		Tenor
Antistes, Steuermann		Bariton
Klarin	Matrosen	Spieltenor
Leporell	Matrosen	Spielbaß
Moro	Matrosen	Baß
Ein Löwe		Sprechrolle

INHALT

ERSTER AKT

Erstes Bild

Gebirge und Wald am Ufer des Meeres

Lybia, Asträa und Baba beobachten das von ihnen gesichtete Schiff der Griechen im Kampf mit den von Circe entfesselten Elementen - Gewitter, Sturm, Finsternis.

Lybia, Asträa, Baba Laß rasen die Wellen,
zerschmettre ihr Schiff!

Ulyss, Klarin, Leporell, Antistes, Moro
hinter der Szene
Meidet das Riff!

Lybia, Asträa, Baba Genug, sie zerschellen,
sie stranden am Riff!

Klarin, Leporell, Antistes, Moro
Rettet das Schiff!

Lybia, Asträa, Baba Sie stranden am Riff!

Geräusch einer großen Katastrophe hinter der Szene. Das Schiff ist offenbar gestrandet, die Mädchen gehen lachend ab. Das Gewitter ist mit unnatürlicher Plötzlichkeit beendet. Große Helligkeit, strahlend blauer Himmel.

Langer, tragikomischer Aufmarsch der Schiffbrüchigen.

Ulyss Der Schiffbruch ist besiegt,
Dank sei dem Gott,
der uns der Flut entriß,
dem dunklen Tod.

Antistes Kein Land erschien mir düsterer,
keines rauher,
hier haust nur Graun und Schreck
und Zauberschauer.

Klarin, Leporell, Moro
Keines düstrer,
keines rauher,
nur Graun und Schreck
und Zauberschauer!

Ulyss	Geht jetzt, erforscht die Insel!
Leporell	Ich fürchte mich, Klarin!
Klarin	Ich auch, Leporell!
	Antistes und Moro ab, Leporell nur zögernd hinterher.
Ulyss	Klarin, du bleibst bei mir!
Klarin	*schadenfroh* Geh, Leporell! Geh schon! Geh doch schon! ***Leporell ab*** ***Ulyss und Klarin werden von einem Durcheinander befremdender Laute erschreckt*** Zurück zum Schiff! Was war das? Hörst du's nicht?
Ulyss	Nur Mut, nur Zuversicht!
Klarin	Da kommt ein Löwe!
Ulyss	Bleib hier, du Memme, er ist zahm wie du! ***Ulyss und Klarin erschrecken aufs neue***
Klarin	Weh uns, Ulyss!

Auftritt eines vor langer Zeit von Circe in einen Löwen Verwandelten. Er weist warnend mit traurigen Gebärden auf das Land ringsum und schüttelt kummervoll sein Haupt. Dann zeigt er auf das Meer und nickt. Löwe ab.

Ulyss	Ruf die Gefährten her, es droht Gefahr!
Klarin	Gefahr! ***Klarin bläst auf einem kleinen Horn***
Ulyss	Gefahr!
Antistes	*von draußen* Gefahr, Gefahr! *tritt auf* Ach, mir zittern noch die Glieder! Fürchterliches ist geschehn!
Klarin	*weinerlich* Ach, ich ahnt' es!
Antistes	Fürchterliches mußt ich sehn!
Ulyss	Sprich, Antistes!

Antistes
Dieses Eiland zu erforschen,
streiften wir durch wilde Berge,
bis wir hinter ihren Klüften
sahn ein zauberhaftes Schloß.

Ulyss
Ein Schloß!

Antistes
Vor dem Tor stand eine Dame
von so wunderbarer Schönheit,
daß wir wie geblendet waren
und ihr nahten ohne Arg!

Ulyss
Ohne Arg!

Antistes
Mit betrügerischer Güte
grüßte freundlich uns die Dame
und befahl den Dienerinnen
uns zu reichen einen Trank.

Ulyss
Einen Trank!

Antistes
Dieser Trank barg das Verderben,
da er alle, die ihn tranken,
augenblicks zu Tieren machte . . .

Ulyss, Klarin
Zu Tieren!

Antistes
durch sein zauberisches Gift!

Ulyss
Durch sein Gift!

Antistes
Der bedeckte sich mit Schuppen . . .

Klarin
Gift!

Antistes
und mit Stoppeln und mit Federn,
der mit Zotteln und mit Haaren,
einem ruppig dichten Fell.

Klarin
Durch ein Gift!

Antistes
Und da beide sich bemühten,
Menschentöne vorzubringen,
wurde draus ein wilder, dumpfer,
tauber, schreckensvoller Laut!

Antistes
Ich allein entkam dem Schrecken
unbemerkt und unverwandelt,
und bin glücklich, euch zu finden,
um mit euch zum Meer zu fliehn!

Ulyss Er allein entkam dem Schrecken,
unbemerkt und unverwandelt,
und ist glücklich, uns zu finden,
um mit uns zum Meer zu fliehn!

Klarin *schluchzend*
O, laß uns fliehn!

Antistes Laß uns fliehn!

Klarin Laß uns doch bitte fliehn!

Ulyss Wie, wir sollten die Gefährten
in der schlimmsten Not verlassen?

Antistes O, laß uns fliehn!

Ulyss Nein! Ich bleibe!

Klarin O, laß uns fliehn!

Antistes Ach, vergebens, denn hier naht uns
schon die falsche Zauberin!

Ulyss *von Mal zu Mal zaghafter*
Nur Mut! Mut!
Mut!

Klarin *zieht sich zurück und betet knieend*
»Heilige Juno,
bitt' für mich,
und ich opf're dir ein Lamm!
Bitte für mich!«

Antistes »Heilige Juno
bitt' für mich!«

Circe, einen Becher in den Händen, naht mit Lybia, Asträa und Baba in feierlichem Aufzug. Sie nähern sich mit wiegenden Hüften und langsamem aufreizendem Gang.

Circe Glorreicher, stolzer Held!
Trink den Becher, den ich reiche,
auf den Gott, der meiner Insel
gütig dich hat zugeführt!

Lybia, Asträa, Baba *eindringlich*
Trink den Wein aus!
drängend
Trink doch den Wein aus!

Klarin, Antistes *ängstlich, voller Schrecken*
Sie ist es, ja, sie ist es!

Ulyss *überlegen*
Reizende Spenderin!
Deine Hand ist allzu gütig
und dein Herz zu edelmütig,
als daß ich es wagen sollte,
diesen Becher, den mir zollte
deine Großmut, selbst zu leeren.

Lybia, Asträa, Baba *drängend*
Trink den Wein aus!
Trink doch den Wein aus!

Ulyss Diesen Trank weih' ich dem Gott,
der mir half aus Sturm und Not!

Ulyss gießt den Inhalt des Bechers auf die Erde, eine Flamme lodert auf.

Circe, Lybia, Asträa, Baba
Weh' uns!

Circe Flieht, er verdarb den Zauber!

Ulyss verhindert Circe zu fliehen. Er schleudert sie in unverhülltem Zorn zu Boden.

Ulyss Du bleibst und stirbst!

Circe Gnade!

Ulyss Gnade kenn ich nicht,
wenn du die Freunde nicht zurückverwandelst
zu menschlicher Gestalt!

Lybia, Asträa, Baba Weh' uns!

Klarin *zu Circe, aber in Deckung hinter Antistes*
Ungeheuer!
Freches Strandweib!

Antistes *zwischen den Zähnen*
Hexe!

Circe *erhebt sich*
Es soll geschehn!
Hört, ihr Tiere dort im Wald!
In die vorige Gestalt
sollt ihr wieder übergehn.

Lybia, Asträa, Baba Hört!

Antistes Von denen kommt keiner mehr!
Sie sind verloren!

Klarin Da kommt keiner mehr!

Lybia, Asträa, Baba *den Finger vor den Lippen*
Schschscht!

Moro *noch hinter der Szene*
Oi oi oi oi oi oi Oh!

Leporell *noch hinter der Szene*
Ei ei ei ei ei ei Ah!

Auftritt Leporell und Moro im Laufen

Leporell Ich war ein Schwan!

Moro Er war ein Schwan!

Circe, Lybia, Asträa, Baba, Ulyss, Klarin, Antistes, Moro
Ein Schwan!

Moro Du warst ein Schwan!

Leporell Und du ein Pavian!

Circe, Lybia, Asträa, Baba, Ulyss, Klarin, Antistes, Moro
Ein Pavian!

Antistes Ei ei ei ei ei ei Ah!

Klarin, Leporell, Moro
Oi oi oi oi oi oi Oh!

Ulyss, Klarin, Leporell, Moro *alle betroffen und nachdenklich, Ulyss immer mit dem Blick auf Circe*
Was nur hat sie/uns so verwandelt?
Was nur war's das sie/uns betraf,
daß sie/wir wie im tiefsten Schlaf
als Tiere sind gewandelt.

Antistes Ja, ich weiß,
was euch betraf!

Ulyss Auf, ihr Freunde, nun kein Zögern,
rasch zu Schiff!

Klarin, Leporell, Antistes, Moro
Rasch zu Schiff!

Circe Warum so eilig?
Gönne mir noch zu erkunden,
wer es war, der meine Künste,
meinen Zauber überwunden!
So sprich, wer bist du?
Woher kommst du?
Wohin gehst du?

Ulyss Ich bin Ulyss!

Lybia, Asträa, Baba *mit heuchlerischer Übertreibung*
Ulyss! Ulyss!

Klarin, Leporell, Antistes, Moro
Ulyss! Ulyss!

Circe *mit heuchlerischer Übertreibung*
Held Ulyss, sieh uns ergeben!
wirft sich auf die Knie

Circe, Lybia, Asträa, Baba
mit heuchlerischer Übertreibung
Ulyss! Ulyss! Ulyss!

Ulyss, Klarin, Leporell, Antistes, Moro
Zurück zum Schiff!

Circe *springt auf*
Halt!
Löst die Seile nicht! Und du, Ulyss,
vergönne dir die wohlverdiente Ruh'
nach so viel Abenteuern und Gefahren!
schmeichelnd
Laß die Wellen sich erholen,
sicher liegt dein Schiff im Hafen!
Pflege du der süßen Ruhe
nach den Leiden, die dich trafen!

Leporell, Moro Sie lügt, sie lügt!

Circe Nichts als Labsal, nichts als Freude,
lauter Ruh und süßer Frieden
sei in meinen Zaubergärten,
meinen strahlenden Palästen
dir und deiner Fahrt Gefährten
nach des Meeres Not beschieden!

Klarin, Leporell Sie lügt, sie lügt!

Circe
Bleib bei mir, denn nichts als Frieden
will ich dir mit zarten Händen
gern mich deiner Größe neigend
Große Reverenz, wie vor Hingabe vergehend, hinschmelzend
schenken und gewährend spenden.

Ulyss
für sich
Kann ich hoffen,
sie zu täuschen,
um die Zaubrin zu verderben?

Circe
für sich
Kann ich hoffen,
ihn zu täuschen,
um den List'gen zu verderben?

Antistes
leise
Herr, glaub' ihr nicht, sie lügt,
ihr Schmeicheln ist verstellt!
Ein Andre's ist, was sie verspricht,
ein And'res, was sie hält!

Ulyss
mit plötzlichem Entschluß
Gut, ich bleibe!

Lybia, Asträa, Baba, Klarin, Leporell, Antistes, Moro
Er bleibt!

Circe
Sei willkommen mit den Deinen,
sei willkommen mir als Gast!

Leporell
Sieh mich zittern, sieh mich beben!

Klarin
Sieh mich zittern um mein Leben!

Circe
Singet fröhlich und geleitet
unsre Gäste zum Palast!

Klarin, Antistes, Moro
Soviel Kühnheit! Sieh mich beben!
Sieh mich zittern um mein Leben!

Alles gruppiert sich zum Abmarsch in den Palast

Circe, Lybia, Asträa, Baba
Frohe Lieder laßt uns singen
unsern Gästen zum Geleite,
daß das Meer und rings die Weite,
rings die Berge widerhallen!

Arsidas, ein lächerlicher Barbar, stürzt außer sich vor Wut auf die Szene. Er hat eine Strohkrone auf dem Kopf und trägt ein Schilfszepter in der Hand. Durch seinen plötzlichen Auftritt bringt er den Zug in Unordnung. Trotzdem sind Circe und ihr Gefolge keineswegs beeindruckt.

Arsidas	Schönste Circe, seit wann pflegst du mit Gesang und Festlichkeiten einen Fremdling zu begrüßen? Gib Befehl, ihn aufzuspießen, ihn in Stücke zu zerreißen, dann verhaucht er rasch genug unter meinem heißen Eisen seinen letzten Atemzug!
Ulyss	Wer ist der Unverschämte?
Lybia, Asträa, Baba	Sprich, wer du bist, sag, wie du heißt!
Klarin, Leporell	Sprich, wer bist du?
Antistes, Moro	Sag, wie heißt du?
Circe	*mit falscher Freundlichkeit* Sag ihnen, wer du bist und sag ihnen, wie du heißt!
Lybia, Asträa, Baba	So sprich doch schon!
	Baba gibt Arsidas einen Puff
Arsidas	*verbockt* Ich heiße Arsidas.
Circe	*in der Art, wie man eine Lektion abfragt* Was warst du einst?
Arsidas	Ich war der König dieser Insel.
Lybia, Asträa, Baba	*höhnisch* Er war's!
Circe	Was bist du jetzt?
Arsidas	Dein Sklave!

Circe Warum verlorst du dein Reich?

Arsidas Weil ich so vermessen war, dich zu lieben.

Die Mädchen kichern

Circe Warum schonte ich dein Leben?

Arsidas Um mein Leiden nie zu enden.

Leporell *ironisch*
Solch ein Anblick macht mich traurig!

Klarin *mit gespieltem Schluchzen*
Traurig macht mich solch ein Anblick!

Sie schluchzen, wischen sich gegenseitig die Augen aus und dergleichen, ganz in der Art einer Clownszene. Auch die Mädchen beteiligen sich an dem Spiel, um Arsidas noch mehr in Wut zu bringen.

Klarin, Leporell, Antistes, Moro
Solch ein Anblick macht mich traurig!

Circe Sei willkommen mit den Deinen,
sei willkommen mir als Gast!

Lybia Sei willkommen mit den Deinen,

Asträa Sei willkommen uns als Gast!

Circe, Lybia, Asträa, Baba
Singt aufs neue und geleitet
unsre Gäste zum Palast!

Klarin, Leporell, Antistes, Moro
Zum Palast!

Der Zug formiert sich wieder. Arsidas wird von Baba an die Kette gelegt und im Zug mitgeführt.

Asträa, Baba Frohe Lieder laßt uns singen
unsern Gästen zum Geleite,

Arsidas versucht, sich zu befreien. Das folgende wird zu ihm hin gesungen mit der Absicht, ihn einzuschüchtern.

Circe, Lybia, Asträa, Baba,
Ulyss, Klarin, Leporell, Antistes, Moro
daß das Meer und rings die Weite,
rings die Berge widerhallen.

Arsidas ist eingeschüchtert

Circe Nie besiegter großer Krieger,

Arsidas *für sich*
Rache, ich sinne Rache!

Asträa, Baba stolzer ruhmbedeckter Sieger.

Ulyss, Klarin, Leporell, Antistes, Moro
Nie besiegte große Zaub'rin!

Alle, außer Arsidas Sei gewiß jetzt unserer Freundschaft,
unserer Freundschaft sei gewiß!
Und vergiß die erste Feindschaft.

Arsidas Niemals such' ich eure Freundschaft,
meiner Feindschaft seid gewiß!

Ulyss, Klarin, Leporell, Antistes, Moro
Nie besiegte Zauberin!

Circe, Lybia, Asträa, Baba
Nie besiegter Held Ulyss.

alle rasch ab

ZWEITER AKT

Zweites Bild

Freier Platz vor dem »Palast« der Circe

Beim Öffnen des Vorhangs (ohne Musik) sieht man Amor in der Gestalt eines Gassenjungen mit einem selbstgebastelten Bogen in die linke Kulisse zielen. Mit dem Harfen-Auftakt im Orchester läßt er den Pfeil schwirren und verschwindet dann, so rasch er kann, in die entgegengesetzte Richtung.

Circe — *hinter der Szene, aus der Richtung, in die Amor gezielt hat*
Weh mir, o weh mir, weh!

Auftritt Circe. Sie verleiht ihren Liebesqualen mit beredten Gebärden übertriebenen Ausdruck.

Was spornt mich an
und zwingt mich zu steh'n?
Was ist's, das ruft
und mich verjagt?

Lybia und Asträa treten unbemerkt von Circe auf

Asträa — Die Herrin! Was ist ihr?

Asträa will zu Circe

Lybia — So bleib doch, bleib,
kann man doch nie genug
von seiner Herrschaft wissen!

Lybia und Asträa verbergen sich, um Circe zu belauschen

Circe — Was lächelt und zürnt,
und läßt mich vergeh'n,
macht kühn mich bald
und bald verzagt?

Asträa — Was spornt sie?

Lybia — Ich ahn' es!

Asträa — Was hält sie?

Lybia — Ich fühl' es!

Asträa — Wer ruft sie?

Lybia Ich hör' es!

Asträa Wer jagt sie?

Lybia Ich weiß es! Sie liebt!

Asträa Wen liebt sie?

Circe Ich liebe den Fremden,
ich liebe den Feind!

Lybia Sie liebt diesen Fremdling,
mißtraut ihm und fürchtet,
daß solch eine Liebe
Verderben ihr bringt!

Circe Ich lieb ihn,
mißtrau' ihm
und lieb ihn!

Asträa Sie liebt ihn?
Mißtraut ihm
und liebt ihn!

Circe kommt unbeabsichtigt in die Nähe von Lybia und Asträa. Die Mädchen entwischen unbemerkt.

Circe Weh mir! Was bleibt mir?
Nur Schweigen, Schweigen!

Circe ab in den Palast. Kaum ist Circe verschwunden, kommt Amor auf Zehenspitzen von links auf die Bühne und zielt mit seinem Bogen in die rechte Kulisse. Mit dem Harfen-Auftakt schießt er seinen Pfeil in die rechte Kulisse und verschwindet in entgegengesetzter Richtung.

Ulyss *hinter der Szene, aus der Richtung, in die Amor gezielt hat*
Weh mir, o weh mir, weh!

Auftritt Ulyss. Auch er verleiht seinen Liebesqualen mit beredten Gebärden übertriebenen Ausdruck.

Was spornt mich an
und zwingt mich zu stehn?
Was ist's, das ruft
und mich verjagt?

Auftritt Klarin, Leporell

Klarin Ulyss! Was ist ihm?

Leporell Bleib hier,
bleib doch hier!
Leporell zieht Klarin in ein Versteck

Klarin Er hat einen Anfall!

Leporell *lachend*
Einen Anfall!

Klarin Ja . . .

Leporell Das gibt sich!

Klarin das gibt sich?

Ulyss Was lächelt und zürnt
und läßt mich vergehn,
macht kühn mich bald
und bald verzagt?

Klarin Ja, wer zürnt ihm denn?

Leporell Und wer lächelt ihm?

Klarin *lachend*
Was vergeht ihm?

Leporell *geht auf Klarins Ton ein*
Und wer läßt ihn?

Klarin Was macht ihn kühn?

Leporell Und was verzagt?

Klarin Das ist zu viel für mich,
das versteh' ich nicht!

Leporell Ich auch nicht!

Ulyss Weh mir, o weh mir, weh!

Klarin Was tut ihm weh?
Nein, so ein Jammer!
Verstehst du das?

Leporell Mir schwant schon was!

Ulyss Ich liebe die Zaub'rin!
Ich liebe die Feindin!

Klarin Ja, was sagt er denn da?

Leporell Mir geht schon ein Licht auf!

Klarin Er spricht von der Zaub'rin!

Leporell Das hör' ich!

Klarin	Dies Mistvieh! Das hat uns gefehlt! Er liebt sie!
Leporell	Das hat uns gefehlt! *ironisch* Er liebt sie!
Klarin	Er liebt diese Zaub'rin, mißtraut ihr und fürchtet, daß solch' eine Liebe Verderben ihm bringt.
Ulyss	Ich lieb' sie, mißtrau' ihr und lieb' sie!
Leporell	Er liebt sie, mißtraut ihr und liebt sie!
Ulyss	Weh mir!
Klarin, Leporell	*jammernd* Ei ei ei, eieieiei, Ei!
Ulyss	Was bleibt mir? Nur Schweigen! Schweigen! *Ulyss ab*
Klarin	*ahmt seinen Tonfall nach* Schweigen, das ist nicht seine Stärke!
Leporell	Reden kann er besser!
Klarin	Wem sagst du das!
Leporell	Da geht er hin!
Klarin	Unser Führer! Leporell, unser Führer, *sieht sich um, ob niemand zuhört* ist verrückt,
Leporell	Verrückt!
Klarin	auf diese haarige Scheerfalle, dieses homophagische Spinnenweibchen, diese nekromantische Schweinstreiberin!
	Auftritt Circe, unbemerkt von den beiden Bedienten

Klarin, Leporell O, diese Zaub'rin!

Circe Hinter meinem Rücken sprechen
die Bedienten hier von mir!

Circe belauscht, weiterhin unbemerkt, die Bedienten

Klarin Dieser weibliche Abgrund!

Klarin ahmt Circes verführerischen Gang von ihrem ersten Auftritt nach. Leporell begleitet Klarins Darbietung, als ob er zum Tanz aufspielen würde.

Leporell Die macht uns noch zur Sau!

Circe *wütend über Klarins unverschämte Parodie*
Das soll er mir büßen!

Klarin O, diese Nekromantin,
Lekomantin, Onymantin, Sykomantin,
dieses alektomantische, venerische Strandweib,
diese babylonische Hure!

Circe tritt vor

Circe Genug!

Leporell Oh!

Klarin und Leporell sind vor Schreck zunächst stumm

Circe Wer hat schlecht gesprochen?
Wer sprach schlecht über mich?

Klarin Ich nicht. Der war's!

Leporell Ich!
treuherzig
Ich war's sicher nicht! Bestimmt nicht!

Klarin Halt doch dein Maul, du frecher Kerl,
dein unverschämtes, freches, dreckiges,
ungewaschenes Lügenmaul!

Leporell Er war's ganz allein,
ja, er war's ganz allein!

Circe Schweigt!

Klarin, Leporell Der war's!

Circe — Schweigt jetzt!
zu Leporell
Du gehst!
zu Klarin
Du bleibst!

Leporell zieht sich zögernd in den Hintergrund zurück, verläßt aber die Bühne nicht.

Weil ich meine Freunde kenne,
will ich dich, Klarin, belohnen.
Ruf nur dreimal in den Bergen
laut den Namen Brutamonte
und er wird dich reich beschenken!

Klarin — Tausendmal dankt dir ergebenst . . .

Circe — *streng*
Schweig und geh' jetzt!

Klarin will rasch abgehen, trifft aber im Hintergrund auf den grollenden Leporell. Circe beobachtet die beiden schadenfroh. Leporell will mit Klarin sprechen, Klarin weicht ihm aus und verlacht ihn.

Leporell — Unverschämter Kerl,
dir zeig ich's noch mal!

Klarin — Ha ha ha, ha ha ha, ha ha ha ha!

Leporell — Lügner! Unverschämter, frecher Lügner!
Ja, dir zeig ich's noch!

Beide ab. Auftritt Lybia und Asträa

Lybia, Asträa — Zum Besuch aus seinen Zimmern
kommt Ulyss mit den Gefährten.

Circe erwartet den Auftritt des Ulyss in gespannter Haltung, Lybia und Asträa rücken die vorhandenen Sitzgelegenheiten zurecht, Baba kommt mit Erfrischungen.

Leporell — *hinter der Szene*
Wart nur, dir zeig ich's noch!

Klarin — *hinter der Szene*
Haha, hahahaha, hahahaha, hahaha!

Leporell, einen Prügel in der Hand, jagt Klarin über die Bühne.

Leporell — Lügner! Unverschämter, frecher Lügner,
ja, dir zeig ich's noch mal!

Baba scheucht die beiden hinaus

Klarin, Leporell, ab. Auftritt Ulyss, Antistes und Moro wie zu einem offiziellen Empfang. Etwa gleichzeitig tritt aus dem Palast eine Ballerina mit zwei Tänzern auf. Sie bereiten sich im Hintergrund - wie Ballett-Tänzer hinter der Szene - auf ihren Auftritt vor. - Auftritt Arsidas.

Circe — *schmeichelnd*
Mit Musik und Festlichkeiten
die vom Vaterland Entfernten
unterhaltend aufzuheitern,
sei uns eine süße Pflicht.

Antistes, Moro — *sehen sich bedeutungsvoll an*
Die ist honigsüß. Vorsicht!

Baba — *für sich*
Mit Speck fängt man Mäuse!

Ulyss — *mit übertriebener Freundlichkeit*
Mir ist's eine süße Pflicht,
laut zu preisen deine Güte,
anzubeten deine Schönheit!

Lybia und Asträa stecken die Köpfe zusammen

Lybia, Asträa — Der ist honigsüß! Vorsicht!

Antistes — Mit Speck fängt man Mäuse!

Circe — Jeder nehme seinen Platz!
Du, Ulyss, zu meiner Rechten!

Arsidas — *aufgebracht*
Da Ulyss dir als Erkorner
sitzt zur Rechten, laß die Linke
als Verworfnen ein mich nehmen!

alles gruppiert sich

Ulyss — *höhnisch*
Das hat er schön gesagt!

Antistes, Moro — Hahahahaha!

Lybia, Asträa — *spöttisch*
Unser Arsidas, der macht sich!

Ballett

Im klassischen Stil, mit anmutiger Ironie gegenüber gewissen Manierismen des Balletts

Tanz der Nymphe

Tanz des Satyrs, der die Nymphe hart bedrängt

Tanz des jungen Gottes der die Nymphe vom Satyr befreit

Der Satyr flieht, der Gott verfolgt ihn, beide ab. Die kleine Nymphe blickt dem schönen, jungen Gott traurig nach. Langsam ab.

Circe — Wie gefiel dir unser Spiel?

Ulyss — Daß der Gott die kleine Nymphe
von dem Scheusal kühn befreite,
das gefiel mir . . .

Circe — Doch was weiter?

Ulyss — Daß er sich als Retter nur,
nicht als Liebender erwies,
das gefiel mir nicht!

Arsidas schlägt sich mit der Hand vor die Stirn

Circe — Und warum nicht?

Ulyss — Armen und verlassnen Damen
Trost zu spenden, ist uns Pflicht!

Arsidas — Wenn er Liebe nicht empfand?

Arsidas gestikuliert heftig

Ulyss — Hätt' er Liebe heucheln müssen . . .

Arsidas — Heucheln!

Ulyss — um die Arme so zu trösten!

Ulyss und Arsidas geraten aneinander

Arsidas — Wer kann sich als liebend stellen?

Ulyss — Wer kann sein Gefühl verhehlen?

Arsidas — Schwerer ist es, sich verstellen!

Ulyss — Wer sich stellt, wird minder fehlen!

Arsidas	Ich behaupte . . .
Circe	***trennt die Streitenden*** Du behauptest?
Arsidas	Liebe kann man niemals heucheln, glaubhaft heucheln und erdichten, doch verstecken und verdecken!
Ulyss	Ich behaupte . . .
Circe	Du behauptest?
Ulyss	Liebe kann man nicht verhehlen, nicht verstecken und verdecken, doch erdichten, glaubhaft heucheln!
Circe	Was ihr sagt, sollt ihr beweisen! Arsidas muß jetzt verhehlen und verdecken und verstecken, was er für mich fühlt! Ja, was er fühlt, muß er verhehlen . . .
Arsidas	Hab' Mitleid, Erbarmen,
Circe	und mich meiden, um mich leiden . . .
Arsidas	Gnade, hab Mitleid!
Circe	und sich quälen!
Arsidas	Weh mir Armem!
Baba	***zu Arsidas*** Verschwinde jetzt!
Lybia, Asträa	Fort mit dir!
Antistes, Moro	Du Dummkopf!
	Arsidas zieht sich beleidigt zurück. Circe spielt sich mit Ulyss in den Vordergrund, etwas abseits von der übrigen Gesellschaft.
Circe	Doch Ulyss, du Kühler, Kluger, zeige dich von mir entflammt, ***Lybia und Asträa tuscheln und kichern*** ganz durchglüht von einem Feuer, das du meidest, und von Flammen lodernd, die dir fremd sind. Deine Glut sei gut geheuchelt, überzeugend dargestellt, so, als müßtest du vergehn und vor lauter Liebe sterben, blickst du mir nur in die Augen!

Ulyss Entflammt, durchglüht von einem Feuer
und von Flammen lodernd die mir fremd sind!
gut geheuchelt ...
überzeugend dargestellt ...
so als müßte ich vergehn, ...
vor Liebe sterben, ...
blick' ich dir nur in die Augen!

Hörnerklang, allgemeiner Aufbruch

Lybia, Asträa, Baba Es ruft uns zur Jagd
der Hörner Gesang.
Ihr strahlender Klang,
ihr fröhlicher Ton
verkündet den Lohn
nur dem, der da wagt!

Circe, Ulyss, Klarin, Leporell, Antistes, Moro
Zur Jagd, zur Jagd!
... den Lohn nur dem, der da wagt!

Alle ab. Arsidas, der allein zurückgeblieben ist, schimpft in ohnmächtiger Wut hinter Ulyss her

Arsidas Weiberheld! Schürzenjäger!

Auf Arsidas Geschrei hin kommt Moro, dicht gefolgt von Baba, eilends zurück und schickt sich in der Art eines Herausschmeißers an, Arsidas eine Abreibung zu verpassen. Baba aber schiebt Moro mit ruhiger Bestimmtheit zur Seite, und scheucht Arsidas weg. Baba und Moro ab.

Drittes Bild

Waldiges Bergtal

Der stumme Riese Brutamonte, eine furchterregende Gestalt mit einem ungeheuren einäugigen Kopf, wartet unbeweglich. Hinter ihm befindet sich, halb verdeckt, eine große Kiste.

Klarin ***hinter der Bühne***
Brutamonte! Brutamonte!

tritt auf

Wo bleibt denn der Kerl?
Nerven haben die Leute,
die lassen dich warten!
Brutamonte!

Klarin sieht sich plötzlich Brutamonte gegenüber, dessen Gestalt auf erschreckende Weise zu übermenschlicher Größe anwächst. Mit dem Paukenwirbel im Orchester wirft der Schrecken Klarin über die halbe Bühne.

Klarin — *rasch gefaßt, noch am Boden sitzend, aber schon wieder frech*

Jetzt bin ich beinah' erschrocken!
Was mußt du denn donnern, kannst
du nicht reden? Laß dich mal anseh'n!
Du erinnerst mich merkwürdig an Polyphem!

bei der Nennung des Namens Polyphem schwankt der Riese vor Schmerz und Zorn

War das vielleicht dein Bruder?

aus Brutamontes Auge fließen dicke Tränen

Mein herzliches Beileid, meine innigste
Teilnahme! Wenn dich das trösten kann,
es war nur mein Herr Ulyss, der ihm das
Auge ausgebrannt hat.

Brutamonte reagiert gequält

Ich habe ihn nur gehalten! Befehl ist
Befehl, da kann man nichts machen,
das sagen doch alle und das weißt du
auch selbst! – Und wo bleibt meine
Belohnung? Meine Belohnung,

wie zu einem Tauben

die Belohnung!

Brutamonte deutet auf die Kiste

Jetzt kannst du gehn! Geh' doch schon!

Brutamonte langsam ab

Leb wohl und laß' dich nicht aufhalten!
Ist er fort? Er ist fort!
Was für eine schöne Kiste, eine große,
wunderschöne Kiste!

zum Publikum

Ich bin ein Glückspilz! Ich bin ein
Götterliebling, ein Sonntagskind!

Der Deckel der Kiste springt auf, eine häßliche Alte schnellt in die Höhe und versetzt Klarin mit ihrem Krückstock von rückwärts einen Schlag auf den Kopf.

Au! Was ist denn das?

Die Alte — Mein Liebling, du siehst vor dir eine
arme Jungfrau,

Klarin Eine Jungfrau!

Die Alte welche den Auftrag hat, alles auszuplaudern,
was du von Circe sprichst!

Klarin *zum Publikum*
Eine Jungfrau?

Die Alte verschwindet in der Kiste. Ein buckliger Zwerg schnellt in die Höhe und schlägt Klarin mit seiner Pritsche von rückwärts auf den Kopf.

Klarin Au! Was ist denn das für eine Mißgeburt?

Der Zwerg Mein Freund, ich bin dazu bestimmt,
dir mitzuteilen, daß du die Ehre haben
wirst, uns beide stets in diesem Kasten
mit dir herumzutragen!

Klarin Was sind das für Schätze!

Die Alte schnellt hoch

Die Alte Brunelillo! Menschen kommen!

Der Zwerg Menschen kommen, Menschen kommen!

Beide verschwinden in der Kiste, der Deckel fällt zu. – Auftritt Leporell

Klarin Leporell, der fehlt mir grade!

Leporell Sieh, Klarin, mich fest entschlossen,
dich zu töten!

Klarin Sieh mich fest entschlossen,
Böses nur mit Gutem zu vergelten!

Leporell Und auf welche Art und Weise?

Klarin Ja, auf welche Art und Weise?
Circe sandte als Belohnung
mir in diesem Kasten Schätze,
die ich wirklich nicht verdiente!
Nimm sie hin und sie sind dein!

Leporell . . . Circe . . . als Belohnung,
. . . dir Schätze!
Richtig, richtig! . . .
. . . Mein!

Klarin Unsre Freundschaft läßt allein
nimmer mich mein Glück genießen.
Bruder, immer sollst du wissen:
Das, was mein ist, sei auch dein!

Leporell Wie hab' ich dich doch verkannt,
Freund Klarin, den ganzen Schatz
nehm ich nicht, höchstens die Hälfte!

Leporell nähert sich der Kiste, der Deckel öffnet sich. Leporell wühlt in der Kiste und stopft sich alle Taschen voll mit Edelsteinen und Geschmeiden.

Leporell Diamanten und Rubine
und Topase und Saphire!
Gold und Silber nehm ich mir,
doch den Rest, den laß' ich dir!

Klarin Diamanten und Rubine,
Gold und Silber . . .
doch den Rest, den läßt er mir!

Der Deckel fällt zu, Leporell umarmt und küßt den fassungslosen Klarin auf beide Wangen. Leporell ab. Klarin nähert sich der Kiste. Der Deckel springt auf, die Alte und der Zwerg schnellen hoch, die Alte mit einem Strickstrumpf, der Zwerg mit einem Butterbrot.

Die Alte Herr, sag' doch dem Brunelillo, er
soll mich beim Stricken nicht immer
anstoßen!

Der Zwerg Herr, sag' dieser naschhaften alten
Scharteke, sie soll mein Vesperbrot
nicht immer ablecken.

Die Alte Du lügst, du lügst!

Der Zwerg Du selber lügst!

Die beiden schlagen aufeinander los. Sie verschwinden in der Kiste, der Deckel fällt zu.
Auftritt Circes im Jagdkostüm, von Klarin unbemerkt.

Klarin Bei allen Göttern! Lieber als der
Herr dieser Schatzkammer wär' ich
ein Affe!

Circe *tritt vor*
Was du willst, das sollst du werden!

Klarin Nimm mich nicht so schnell beim Wort!

Circe Zweimal sollst du mich nicht bitten.

Klarin Ernst hab' ich's doch nicht gemeint!

Circe Geh jetzt!

Klarin Gnade!

Circe Bleib nicht länger!

beiseite
Bis er einen Spiegel antrifft,
soll er so verwandelt gehn!

Die Kiste verschwindet langsam

Klarin Willst du mich zum Affen machen,
laß' mich nur die Gunst erbitten,
daß er von der hübschen Art sei,
bei den Weibchen wohl gelitten.

Klarin fängt an, sich äffisch zu benehmen

Und es wird in Feld und Wald
ohne jeden Zweifel bald
durch mein eifervolles Streben
viele Menschenaffen geben,

Immer mehr Affe. Circe schickt Klarin mit einer unwilligen Gebärde weg. Klarin ab.

Circe *allein, in Erwartung der Begegnung mit Ulyss*
Ulyss, mein liebster Feind,
o, jage länger nicht
nach Reiher, Reh und Hirsch;
das Wild, das dich nicht flieht,
dich sucht und dich begehrt,
und sich nach dir verzehrt,
dies Wild bin ich!

Plötzlich einbrechende Sternennacht

O Venus, heller Stern am Firmament,
hör' meine Stimme, die zu dir empor
sich immer höher singt, als ob kein and'res Ohr
aus tausend Stimmen meine wiederkennt.

Mein Auge bleibt die lange Nacht
nur wach, wenn du so hoch entzündet bist,
und fließt erst hin, wenn's dein Gesicht wohl ist,
das hell an meinem Lager wacht!

Solange Tag ist, trag' ich das,
was mich erschüttert, grau und stumm
mit mir allein herum.
Doch immer, wenn es dunkelt, bricht's wie Glas

Ulyss im Jagdkostüm tritt unbemerkt von Circe auf

so schrill entzwei
und ist die ganze Nacht Geschrei!

Wieder Tag, Ulyss tritt vor

Ulyss Was ist die ganze Nacht?

Circe ***bestürzt und verwirrt***
Die ganze Nacht?

Ulyss Was bricht wie Glas so schrill entzwei?

Circe ***rasch gefaßt***
Sprich nicht in Rätseln, Freund,
erzähl mir von der Jagd!

Ulyss Nun gut, ich will erzählen.

Circe Ich höre, bin ganz Ohr.

Im Verlauf des Duetts dringt Ulyss immer leidenschaftlicher auf Circe ein.

Ulyss Kaum, daß du uns verlassen, stieg ein Reiher
so hoch empor, daß zwischen Eis und Feuer
er mitten innehielt.

Circe Wer sich so hoch verliert,
verbrennt und friert!

Ulyss Als Sinnbild dir erklären,
will ich den Reiher zwischen beiden Sphären,
von einem, der bald kühn, bald feig sich müht,
zugleich erstarrt und glüht
und zwischen Eis und Feuer sich muß schlagen.

Circe Du spielst mit Eis und Glut,
mit Feigheit und mit Mut!
Wer weiß, worauf du zielst
und was du fühlst?

Ulyss Der Reiher war zum Punkt beinah' entschwunden,
da hoben sich, ihn tödlich zu verwunden,
zwei Falken in die Luft.
Du Armer kämpfst vergebens,
so sagt' ich mir, ein Gleichnis meines Lebens,
das hier und dort und fern und nah umfangen
von drängendem Verlangen,
nur eitler Hoffnung Schmerzen darf ertragen.

Circe Du zielst mit Bild und Wort,
spielst fort und fort
mit Feuer, Glut und Eis,
Mut, Feigheit, doch ich weiß:
Dein Reden ist nur Lug,
dein Gleichnis Trug!

Circe entzieht sich Ulyss

Circe	Genug, du selbst hast mir gesagt:
Ulyss, Circe	»Liebe kann man nicht verhehlen, nicht verstecken und verdecken.«
Circe	»Doch erdichten, glaubhaft heucheln!« Diesen Satz hast du bewiesen, denn im Lügen und Betrügen und im Heucheln bist du Meister!
Ulyss	Meine Glut ist nicht geheuchelt, bin ich doch von dir entflammt, ganz durchglüht von einem Feuer, *Ulyss schließt Circe in seine Arme* das ich suche, und von Flammen lodernd, die du meidest!
Circe	entflammt . . . durchglüht von einem Feuer *mit schwacher Gegenwehr* . . . und von Flammen lodernd! *Circe macht einen vergeblichen Versuch, sich Ulyss zu entziehen.* Du lügst, ich hasse dich!
Ulyss	Ich liebe dich!
Circe	*immer schwächer werdend* Ich hasse, hasse, ich hasse dich!
Ulyss	Liebe, liebe dich!

Circe gibt den letzten Widerstand auf und liegt hingegeben in den Armen des Ulyss. Ulyss schickt sich an, Circe zu küssen. In demselben Augenblick tritt Arsidas auf, gefolgt von der Jagdgesellschaft: Lybia, Asträa und Baba sowie Leporell, Antistes und Moro. Die beiden Liebenden fahren auseinander.

Arsidas	Sieh, Ulyss, allein mit Circe! Allzu gut spielt er die Rolle, die die Schönste mir versagt hat!
Circe	Am vorbestellten Tisch euch zu empfangen, bin ich vorangegangen.
Leporell	*ahmt ungezogen Circes Tonfall nach* Wie ich die Seel' erfrische an diesem Wort: Zu Tische!
Alle	Unverschämter! Schweig doch stille, schweig doch still!

Circe Der Tisch, der Tisch!

Lybia, Asträa, Baba Der Tisch!

Antistes, Moro Der Tisch!

Ein prächtiger Tisch, reich besetzt mit den schönsten Speisen, steigt langsam aus dem Boden auf. Alles nähert sich dem Tisch, um zu tafeln. Kriegsmusik hinter der Bühne. Allgemeines Erschrecken beim Klang der Kriegsmusik. Die Gesellschaft erstarrt. Circe gibt ihren Gefährtinnen einen Wink, die drei Mädchen gehen rasch ab. Die Erstarrung löst sich.

Circe Welcher Lärm!

Antistes Welch' wildes Toben!

Die drei Mädchen kommen in heller Aufregung zurück.

Lybia, Asträa, Baba Jener wilde Brutamonte,

Leporell, Antistes, Moro
Jener wilde Brutamonte,

Lybia, Asträa, Baba den du, Herrin, hältst gefangen,

Leporell, Antistes, Moro
den du, Herrin hältst gefangen,

Lybia, Asträa, Baba kommt mit allen wilden Tieren
dieses Waldes, um die Griechen
rächend alle zu zerreißen!

Leporell, Antistes, Moro
rächend alle zu zerreißen!

Ulyss Meine Waffen!

Antistes und Moro bewaffnen Ulyss

Lybia, Asträa, Baba Laßt uns fliehn!

Leporell, Antistes, Moro
Kampf und Ehre!

Leporell Habt die Tafel ihr vergessen,
wollt ihr vorher nichts mehr essen?

Ulyss Ich allein
will hinaus und ihnen trotzen!

Die Griechen tarnen sich für den bevorstehenden Kampf mit Laub und Zweigen.

Arsidas Und auch ich!

Ulyss	Bleib' lieber hier, Männer braucht der Kampf, nicht Memmen!
Lybia, Asträa, Baba	Laßt uns fliehen! *Die Mädchen ab*
Antistes, Moro	Griechen hierher!
Arsidas	*zu Ulyss* Memmen sagst du! Sieh bereit mich dich als ersten zu erschlagen! *Ulyss versetzt Arsidas einen Schlag*
Antistes, Moro	Kampf und Ehre!
Arsidas	Was, du schlägst mich? Brutamonte, sieh mich dir zu Hilfe eilen! *Arsidas ab* *Militärischer Abzug der Griechen. Leporell bildet die Nachhut.*
Circe	Blut'ges Unheil zu verhindern, wandle sich der Tag zur Nacht!

Es wird dunkel. Nur die Tafel bleibt hell erleuchtet. Circe ab. Leporell kommt zurück und nähert sich gierig der Tafel. Klarin, als Affe, klettert ungesehen von Leporell von einem Baum herab. Im Verlauf des Duetts steigen Klarin und Leporell, ohne sich zu bemerken, von den beiden Enden auf die Tafel und nähern sich einander immer mehr, während sie sich mit Speisen vollstopfen.

Leporell	Nüchtern und mit leerem Magen kann man keinem Krieger raten, in den blut'gen Kampf zu ziehn! Ohne Gnade und Erbarmen schlägt ein satter Feind dich nieder, weil er mehr gegessen hat!
Klarin	Zwischen Griechen hier und Tieren wird der Kampf sich bald entspinnen, wem ich beisteh', weiß ich nicht! Bin Partei ja hier und dorten, da ich einesteils ein Grieche, andernteils ein Affe bin! *Circe tritt unbemerkt auf. Klarin und Leporell stoßen in der Mitte der Tafel aufeinander.*
Leporell	Weh, ein Löwe!
Klarin	Weh, ein Riese!

Mit einer Handbewegung läßt Circe die Tafel mit den beiden in den Boden versinken.

Klarin, Leporell Hilfe! Hilfe! Wir versinken!

Circe Eingesetzt in seine Rechte sei der Tag!
es wird wieder hell
Ulyss, wo bist du?
Auftritt Ulyss
Wo nur blieben deine Feinde?

Ulyss Alle waren jäh verschwunden
in der Finsternis der Wälder,
und ich fand dort keine Seele,
keinen Jemand, keinen Niemand,
keinen Freund und keinen Feind!

Circe Ruhen laß' den Kampf und ruhe du
in meinem Arm, mein Ulyss!

Ulyss Ich fürchte nur . . .

Circe Gleichermaßen fürchte ich!

Ulyss Du, was fürchtest du?

Circe Dein schlimmes Spiel
und daß du immer weiter spielst
und daß du weiter dich verstellst
und weiter lügst!

Ulyss Was muß ich tun,
daß du mir endlich glaubst
und mir vertraust?

Circe Sprich, was du denkst,
sag, was du fühlst!

Ulyss Die Wahrheit!

Circe Ohne Falsch!

Ulyss Nicht konnte deine Milde mir verhehlen,
daß keinen warf das Meer an dies Gefilde,
den unter falschem Schein und fremdem Bilde
deine Magie nicht suchte zu entseelen.

Circe Bekennen will ich frei, nicht mehr verhehlen,
daß keinen warf das Meer an dies Gefilde,
den unter falschem Schein und fremdem Bilde
meine Magie nicht suchte zu entseelen.

Ulyss
Da wollt' ich grausam, Herrin, dich besiegen,
daß ungerächt dein Frevel nimmer bliebe,
und ward besiegt, da ich gedacht zu siegen!

Circe
Auch über dich, Ulyss, dacht' ich zu siegen,
daß ungerächt dein erster Sieg nicht bliebe,
und ward besiegt, da ich gedacht zu siegen.

Ulyss
Nicht deiner Zauberkünste, stärkerm Triebe
und Reiz und Zauber mußte ich erliegen,
denn aller Zauber höchster ist die Liebe!

Circe
Nicht ist die Zaub'rin selbst vor stärkerm Triebe,
die Niebesiegte unbesiegt geblieben,
denn aller Zauber höchster ist die Liebe!

hereinbrechende Sternennacht

Circe, Ulyss
Die Liebe!

Lybia, Asträa, Baba
als Echo hinter der Bühne
Die Liebe!

DRITTER AKT

Viertes Bild

Am Meeresstrand

Antistes, Leporell und Moro sitzen traurig am Strand

Antistes
Statt der Heimkehr zu gedenken,
schmachtet Tag und Nacht Ulyss
sorglos in den Armen Circes,
hingegeben ihrer Schönheit!

Leporell, Moro
Ach, wir Armen, niemals wieder
sehen wir der Heimat Strand,
hören wir der Heimat Lieder,
heimgekehrt in's Vaterland!

Antistes
Hingegeben ihrer Schönheit,
die die Seele ihm vergiftet,
schmachtet Tag und Nacht Ulyss,
statt die Zaub'rin zu verderben!

Leporell, Moro
Fremde küssen uns're Weiber,
Fremde trinken unsern Wein,
und es werden unsre Leiber
unbeweint vermodert sein!

Antistes
Einen Anschlag nun ersann ich,
ihn der Liebe zu entreißen
und an seine Pflicht zu mahnen!

Leporell, Moro
Ach, vergebens!

Antistes
Wißt ihr nicht mehr, wie Ulyss
bei dem Aufruhr Brutamontes
durch die Trommeln und Trompeten
auf die Liebe ganz vergaß?

Leporell, Moro
Doch, was weiter?

Antistes
Laßt uns doch ein Kriegsgetöse
wie zum Gruß für Circe machen,
das ihm in den Ohren töne
als ein Aufruf seiner Pflicht!

Moro
Er hat recht!

Leporell Ihr tut übel,
diesen Anschlag zu verhandeln!

Antistes Und warum?

Leporell Warum? Weil Circe euch strafen wird!

Moro Du Feigling!

Leporell Lieber ein Feigling auf zwei Beinen,
als ein Held auf vieren!

Antistes Gehn wir!

Moro Gehn wir!

Leporell Denkt an Klarin, niemand weiß, was aus
ihm wurde!

Antistes, Moro Gehn wir!

beide ab

Leporell Geht nur, geht nur, doch ich bleibe,
denn ich habe einen Handel,
der mir wichtiger erscheint!

Dieser Tage hier herum
sah ich einen Affen springen
und mir Fratzen und Gesichter
immer ziehn, den möcht' ich haschen
und nach Griechenland ihn schaffen?
Eine unschätzbare Ware
wäre dort ein solches Tier,
denn nur um es anzugaffen
käm' ganz Griechenland zusammen,
und so wäre Geld zu machen!
Sicher müßte jedermann
über meinen Affen lachen,
und so wäre Geld zu machen!

ab

von draußen
Und so wäre Geld zu machen!

Klarin – als Affe – springt von einem Baum. Er trägt eine Beatle-Perücke, eine Gesichtsmaske, die ihm ungehindert zu sprechen erlaubt, eng anliegende Hosen und einen langhaarigen Pullover.

Klarin *äfft Leporell voller Wut nach*
Und so wäre Geld zu machen,
und so wäre Geld zu machen!

Als Affe spricht Klarin Berliner Jargon, der Löwe den Dialekt der Stadt, in welcher die Aufführung stattfindet.

Klarin Ja, so wäre Geld zu machen, aber auch die
Griechen hängen keinen, bevor sie ihn haben.
Wie aber stell' ich's an, daß mich diese . . .
(er sieht sich scheu um) diese Megäre freiläßt?
Die Affenwirtschaft habe ich endgültig satt!
Diese vegetarische Existenz! Das Grünzeug
geht mir auf die Nerven und die Vitamine
beeinträchtigen schon meinen Hormon-Haushalt.
Diät, Schonkost, pfui Teufel!

Der Löwe ist unbemerkt von Klarin aufgetreten

Löwe Uaaaaah!

Klarin will weglaufen

Bleib doch da, du Hosenscheißer!
Ich bin doch auch nur ein Verwunschener!

Klarin Ein Leidensgenosse! Wie mich das rührt!

mißtrauisch

Aber du hast doch jetzt die Natur eines Löwen!

Löwe Nicht ganz. Im Krieg war ich Zahlmeister!

Klarin Wo bist du daheim?

Löwe In Sparta, und du?

Klarin Ich bin Athener.

Löwe Das hört man noch, das schlägt durch!

Klarin Bei dir schlägt's auch durch!

Löwe Versteck dich, da kommt ein Transport.

Sie verstecken sich. Lybia, Asträa und Baba ziehen ein Wägelchen über die Bühne, das entfernt an einen Servierwagen erinnert. Auf dem Wagen ist ein eleganter Käfig. Lybia, Asträa, Baba mit dem Wagen ab. Klarin und der Löwe treten aus ihrem Versteck.

Klarin Was war in dem Käfig?

Löwe Der Rebell Brutamonte und Arsidas,
sein militärischer Berater.

Klarin Ich habe sie ja gar nicht gesehen!

Löwe Die Zauberin hat sie in Schweine verwandelt.

Klarin	Ei, ei, ei, ei, in so kleine Schweinchen?
Löwe	Genauer gesagt, in Meerschweinchen.
Klarin	Abscheulich, abscheulich, die können ja nur noch piepen!
Löwe	Wann hast du eigentlich deine Menschenstimme verloren?
Klarin	Erinnere mich bloß nicht daran! Ich hatte einen so schönen Tenor und eine vornehme, gehobene Art, mich auszudrücken. Wenn ich auch nur etwas Banales gesagt habe, zum Beispiel: »Halt die Fresse!« klang das schon nach Oper. Mein Timbre einmalig! Mein piano ein Gedicht, mein forte ein Naturereignis!
Löwe	Eine Katastrophe?
Klarin	Nein, ein . . . ein . . . ein Ereignis! Und dann das gewisse Etwas! Verstehst du? Mit einem Wort: Tenor!
Löwe	Und wann hast du es verloren?
Klarin	Erst vierundzwanzig Stunden nach meiner Affwerdung.
Löwe	Erst nach der Versenkung?
Klarin	Ja, aber woher weißt du denn das?
Löwe	Ich war im Busch hinter dir. Ich war damals noch scharf auf dich!
	Klarin klettert auf einen Baum
Klarin	Pfui, Spinne, das ist doch polizeilich verboten! Bitte, bitte, tu mir nichts an.
Löwe	Komm runter!
Klarin	Sicher ist sicher! Ich bleibe oben!
Löwe	Komm schon, du Feigling!
Klarin	Nur keine Experimente! Wenn's mir gut geht, bin ich konservativ.
Löwe	Ich habe inzwischen einen Esel gefressen, du bist jetzt sicher.

Klarin Gott segne den Esel.

er klettert wieder herunter

Löwe Wie lang seid ihr schon auf der Insel?

Klarin Warum? Gut vierzehn Tage.

Löwe Dann wird's aber Zeit, daß ihr wegkommt!

Klarin Wieso das? Du sagst das mit einer so merkwürdigen Betonung!

Löwe Grund genug! Wer länger als siebzehn Tage und vier Minuten hier bleibt, kommt nie wieder weg!

Klarin Verflucht! Da geht's ja fast um Sekunden! Das muß ich sofort den andern sagen.

Löwe Erst mußt du dich zurückverwandeln. So versteht dich doch keiner!

Klarin Wie soll ich denn das machen?

fängt an zu weinen

Was soll ich bloß tun?

Löwe Du brauchst nur einen Spiegel!
Siehst du dich in einem Spiegel,
wirst du wieder ein Mensch!

Klarin Hast d u einen Spiegel?

Löwe Ich brauche keinen mehr.

Klarin Wo finde ich h i e r einen Spiegel?

Löwe Das ist deine Sache. Adieu, Kamerad!

ab

Klarin Adieu . . . Ein Spiegel . . . Ein Spiegel . . .

ins Publikum

Spieglein, Spieglein an der Hand
und ich bin der Schönste im ganzen Land!
Halt, ich hab's! Der Leporell hat doch immer einen in der Tasche. Dieser eitle . . . beinahe hätte ich's gesagt. Jetzt heißt's aufpassen wie ein Luchs.

Leporell taucht im Hintergrund auf und schleicht sich an Klarin an, der ihn bis zum Kommando »Stillgestanden« nicht bemerken darf.

Ich muß mich ihm vorsichtig nähern,
unbemerkt an ihn herankommen,
ihn wie ein Leopard beschleichen,
ganz raffiniert . . .

Leporell Seht, dort ist er!

Klarin raffiniert beschleichen oder sonstwie mit ihm kontaktieren, um ihn geschickt zu enteignen!

Leporell Was nur hält mich, macht mir bange?
Sagt man doch, nichts fängt sich leichter,
als ein Affe!

Klarin Ja, vielleicht hascht er mich auch . . .

Leporell Warte, warte,

Klarin hascht er, hascht er mich auch!

Leporell du entgehst mir nicht!

Klarin tänzelt geziert und affektiert herum und amüsiert sich dabei großartig

Klarin Hasche, hasche,
hasche, hasche, hasche mich,
hasche, hasche,
hasche, hasche, hasche, mich,
ich bin der . . .

Leporell Stillgestanden!

Klarin *zieht den Kopf ein und steht still*
Bin schon gehascht!

Klarins Zwischenbemerkungen werden a parte oder ins Publikum gesprochen, nicht aber zu Leporell, der den gesprochenen Dialog – in diesem Stück die Tiersprache – nicht verstehen kann.

Leporell Rührt euch!

Klarin Bin schon gerührt!

Leporell Schnauze!
Klarin, der es auf den Spiegel abgesehen hat, versucht Leporell in die Tasche zu greifen. Leporell schlägt ihm auf die Finger.
Pfoten weg!

Klarin Au!

Leporell zieht eine Militärmütze – Schiffchen – aus der Tasche und setzt sie dem Klarin auf. Sich selbst dekoriert er mit einer Ordensspange.

Leporell — *mit falscher Freundlichkeit*
Du stehst jetzt unter meinem Protektorat
und hörst nur noch auf mich!

Klarin — Verstehe vollkommen! Ich bin sein Alliierter
und er ist meine »Innere Führung«!

Leporell — Schnauze!

Klarin macht einen weiteren Versuch, den Spiegel zu bekommen. Leporell schlägt Klarin auf die Finger.

Pfoten weg!

Klarin — Au!

Leporell inspiziert in der Art eines Ausbilders den völlig unmilitärischen Klarin. Während der rasch aufeinanderfolgenden Kommandos reagiert Klarin beflissen, aber kopflos und widerwillig. Er wird immer konfuser.

Leporell — Stillgestanden! Rührt euch! Stillgestanden!
Rechts um! Links um! Die Augen links!

Klarin — Da ist doch gar nichts zu sehen!

Leporell — Augen gerade aus! Im Gleichtritt marsch!
Abteilung halt! Halt! Links um!
Zur Meldung die Augen links! Augen geradeaus!
Nach hinten wegtreten!

Klarin — Wen soll ich wegtreten?

Leporell — Achtung!

Klarin — Vor dem Alter?

Leporell — Mach den Mund zu, bis zum Essen hat's
noch Zeit! In Linie antreten! Schau
nicht so blöd! Hoffentlich läufst du bald,
Mimose!

Klarin — Gemeiner Schleifer!

Leporell — Stillgestanden! Rührt euch! Stillgestanden!
Hier stellst du dich hin!

drohend

Im »Stillgestanden« rührt sich kein Haar!

Klarin steht unbeweglich in der vorgeschriebenen Haltung. Leporell geht um Klarin herum und sucht Grund zur Kritik.

drohend

Brust heraus! Schulter zurück! Kinn hoch!
Kniee durchgedrückt! Rechtes Ohr höher
und Kniee durchgedrückt!

Wutanfall

Die Brust heraus, heraus! Immer zeigen,
was man hat! In den Liegestütz fallt!

Klarin fällt auf die Knie und vergißt, daß Leporell ihn nicht verstehen kann. Er schlägt flehend die Hände zusammen. Leporell zieht ein Messer.

Klarin O, bitte nur das nicht! Bitte, bitte nicht!
Nicht mit dem Messer! O, bitte nicht!
Bitte, bitte, bitte nicht!

Leporell steckt das Messer wieder weg

Leporell Ist er vielleicht musikalisch?

Klarin *mit tränenerstickter Stimme, nickt heftig*
O ja, ich bin blödsinnig musikalisch!

Leporell Dann bekommt er von mir Musikunterricht!
Links um! Im Gleichtritt marsch!
Zwei drei! Und immer zeigen, was man hat!

Abmarsch

Immer zeigen, was man hat!

Auftritt Ulyss und Circe, eng umschlungen, albern verliebt.

Circe Liebst du mich wirklich?

Ulyss Mehr als mein Leben!

Circe Heute?

Ulyss Und morgen!

Circe Und immer?

Ulyss Und ewig!

Circe Auch gestern schon?

Ulyss Liebt' ich dich!

Circe Wann denn am meisten?

Ulyss Jetzt, heute!

Circe Und was gefällt dir bei mir am besten?

Ulyss Alles, Liebling, gestern, morgen und
sonntags, montags, dienstags, donnerstags!

Circe Auch freitags,

Ulyss Ja!

Circe und samstags und sonntags,

Ulyss ja,

Circe und immer,

Ulyss und immer,

Circe immer,

Ulyss immer!

Circe immer?

Langer, nicht endenwollender Kuß. Antistes und Moro treten rasch und entschlossen auf, jeder mit einem Paar Becken, um ihr verabredetes »Kriegsgetöse« zu machen, halten sich aber im Hintergrund. Sie beginnen laut die Becken zu schlagen. Ulyss und Circe fahren auseinander, sie entdecken zunächst nicht die Ursache des Lärms.

Ulyss Was war das?

Circe *beschwichtigend*
Nichts, Liebling!

Circe, die jetzt die Griechen entdeckt hat, hält Ulyss zärtlich beflissen die Ohren zu.

Circe Ruhe!

Lybia, Asträa, Baba *als Echo hinter der Bühne*
Ruhe!

Circe Fort mit euch!

Lybia, Asträa, Baba Fort mit euch!

Ulyss Was war das?

Circe Mein Echo.

Auch Ulyss sieht jetzt die Griechen

Und seid zufrieden . . .

Lybia, Asträa, Baba Zufrieden!

Ulyss Antistes! Moro!

Circe	Seht ihr morgen noch die Sonne!
Lybia, Asträa, Baba	Seht ihr morgen noch die Sonne,
Ulyss	Fort mit euch!
Circe	Seht ihr morgen noch den Tag!
Lybia, Asträa, Baba	seht ihr morgen noch den Tag.
Ulyss	Fort!
Circe	Fort mit euch!
Lybia, Asträa, Baba	Fort mit euch!
	Antistes und Moro im Abgehen
Antistes	Alles vergebens
Moro	und alles umsonst!
	Liebesszene wie vorher
Circe	Liebst du mich wirklich?
Ulyss	Mehr als mein Leben!
Circe	Auch früh schon am Morgen?
Ulyss	Und mittags und abends!
Circe	In der Nacht?
Ulyss	Natürlich!
Circe	In der Sonne?
Ulyss	Und im Regen!
Circe	Im Gehen?
Ulyss	Und Stehen!
Circe	Beim Essen?
Ulyss	Und Schlafen?
Circe	Komm schnell zum Palast,
Ulyss	Schnell,
Circe	schnell,
Ulyss	schnell!
Circe	schnell! *In enger Umschlingung rasch und stolpernd ab.*

Auftritt Klarin und Leporell. Sie spielen auf modernen elektrischen Gitarren und parodieren in Haltung und Bewegung eine Beatle-Nummer. Leporell hört auf zu spielen, Klarin spielt weiter.

Leporell Abteilung halt! Nach hinten wegtreten!

Klarin hört auf zu spielen und befolgt den Befehl. Beide hängen ihre Gitarren an einem Baum auf. Klarin zieht sich in den Hintergrund zurück.

Mit diesem Affen hab' ich mein Glück gemacht!
»Musik aus dem Tierreich«, das wird eine
Weltnummer! Ich laß 'mir die Haare wachsen

Er zieht einen Spiegel aus der Tasche

Klarin *elektrisiert*
Der Spiegel!

er beschleicht Leporell

Leporell und werde international! Die Haare sind
wichtig, die Frisur ist entscheidend!
Vielleicht so?

er frisiert sich à la Beatle

Oder so?

er frisiert sich um

Oder besser so?
Oder vielleicht so?

Klarin entreißt Leporell den Spiegel, stellt ihm ein Bein und läuft weg.

Oi, oi, oi, oi, oi, oi, oi, oi, oi!

er erhebt sich jammernd und läuft Klarin nach

Halt, halt,

beide ab

halt!

Furchtbarer Schrei Klarins hinter der Szene. Nach einer Weile stößt Leporell den zurückverwandelten Klarin auf die Bühne. An den Affen erinnert nur noch die Beatle-Frisur.

Leporell Du Mistkerl! Wo ist mein Affe?

Klarin Ich war dein Affe!

Leporell Du, Klarin?

Klarin Ich war verwunschen!

Leporell Verdammt, meine Nummer ist geplatzt!

Klarin »Musik aus dem Tierreich?«

Leporell Natürlich!

Klarin Das machen wir trotzdem!
er nimmt seine Gitarre

Leporell Ja, kannst du's denn noch?
Auch Leporell nimmt seine Gitarre

Klarin Ei freilich!

Beide musizieren. Gleiches Spiel wie vorher. Große Beatle-Parodie.

Fünftes Bild

Schattiger Platz in der Umgebung des »Palastes«

Ulyss und Circe liegen auf einem Ruhebett. Ulyss ist eingeschlafen. Vom Hintergrund aus beobachten Antistes und Moro die Szene. Sie tuscheln. Circe liebkost den Schlafenden, verläßt das Lager und eilt zum Palast.

Antistes Endlich ist die mal weg!

Moro Da kommt sie ja schon wieder!

Circe kommt zurück, um den schlafenden Ulyss noch mal zärtlich zu küssen. Dann verschwindet sie wieder.

Antistes Na so was!

Moro Ganz schön verrückt!

Antistes deutet auf einen Platz in der Nähe des Ruhebettes.

Antistes Hier hängen wir's auf!

Moro Da muß er es seh'n, sobald er aufwacht
aus seinem Schlaf.

Antistes So komm schon!
beide ab

In einem feierlichen Aufmarsch bringen Antistes und Moro die »Waffen des Achill«. Der eine trägt auf einem Gestell einen mit Orden behängten Uniformrock und einen Helm mit Helmbusch. Der andere bringt einen Paradesäbel.

Moro, Antistes Waffen von Troja beweint
in der Vernichtung Brand,
ruft uns Ulyss zurück
aus der Vergessenheit Land!

Die »Waffen des Achill« werden von Antistes und Moro am Lager des Ulyss aufgebaut. Dann ziehen sich die beiden in den Hintergrund zurück und beobachten Ulyss, der sich im Schlaf unruhig bewegt und endlich erwacht. Ulyss setzt sich auf und entdeckt die »Waffen des Achill«.

Ulyss
Sieh dort, die Rüstung des Achill,
so teuer einst, veraltet jetzt,
unnütz und rostig!

Enttäuscht von der Wirkungslosigkeit ihrer Aktion nähern sich Antistes und Moro voll Zorn ihrem Herrn.

Antistes, Moro
Unnütz, alt, unnütz!
Bei dieser Rüstung, Herr,
hast du den Schwur getan,
uns heimzuführen!

Ulyss
ungerührt und leichthin
Das beschwor ich.

Antistes, Moro
Und wann führst du uns heim?

Ulyss
Ja, wann? Die ganz genaue Zeit,
den Tag, die Stunde
weiß ich nicht genau!

Antistes, Moro
O, Herr!

Ulyss
wütend
Laßt mich zufrieden! Geht!

Ulyss, Antistes, Moro
Klarins Signal!
Er lebt!

Auftritt Klarin, Leporell

Klarin
spielt den »Tenor«
Jaaaaaa, ich leeebe noch!

Leporell, Antistes, Moro
Bravo, bravo, bravo!

Ulyss
Und wo hast du die ganze Zeit gesteckt?

Klarin
In der Haut eines Affen!

Ulyss
Eines Affen?

Klarin
Ich war verwunschen!

Leporell, Antistes, Moro
Verwunschen!

Ulyss	Und wie wurdest du wieder ein Mensch?
Leporell	Durch mich!
Klarin	Das erzähl' ich dir erst auf dem Schiff!
Ulyss	Warum nicht gleich?
Klarin, Leporell	Keine Zeit, Herr,
Klarin, Leporell, Antistes, Moro	wir müssen fort!
Klarin	Wir müssen sofort fort,
Ulyss	Fort?
Klarin	sonst sind wir verloren!
Ulyss	Alles Unsinn!
Klarin	Ich verstand die Sprache der Tiere und erfuhr von einem Löwen,
Ulyss, Leporell, Antistes, Moro	Was erfuhrst du?
Klarin	ein Geheimnis!
Ulyss	Sprich doch endlich!
Leporell	Sag's schon!
Klarin	Wer länger auf dieser Insel verweilt, als siebzehn Tage und vier Minuten, der muß für immer hierbleiben!
Ulyss	Für immer!
Antistes	Für immer!
Klarin, Leporell	Für immer!
Moro	Für immer!
Ulyss	Wie lang sind wir schon hier?
Klarin	Sechzehn Tage und zweiundzwanzig Stunden und achtundvierzig Sekunden.
Antistes	Neunundvierzig, fünfzig, einundfünfzig!
Ulyss	Dann müssen wir fort!

Klarin, Antistes, Moro
Wir müssen fort!

Alle Rasch zu Schiff,
wir müssen fort!

Ulyss und die Gefährten formieren sich zum Abmarsch

Antistes Mit Neptun und Amphitrite
und Achillens Helm und Harnisch

Ulyss, Klarin, Leporell, Moro
und als Helden und als Sieger
und als ruhmbedeckte Krieger

Antistes richten heimwärts wir den Kiel,

Ulyss, Klarin, Leporell, Moro
fahren wir vor gutem Winde
sicher bis zum letzten Ziel!

Alle Hören wieder unsre Lieder,
trinken wieder unsern Wein,
küssen wieder unsre Weiber
und wir werden glücklich sein,

Antistes an der Heimat goldnem Strand,

Alle heimgekehrt ins Vaterland.

Alle ab, voran Antistes und Moro mit den »Waffen des Achill«. Von Liebe beflügelt, kommt Circe zurück und nähert sich dem Lager.

Circe Süßer Freund!
Sie findet das Lager leer
Wo bist du, Liebling?

Antistes ***von draußen***
Richten heimwärts wir den Kiel,

Ulyss und die Männer
fahren wir vor gutem Winde
sicher bis zum letzten Ziel!

Circe Doch weh' der Liebe!
Woher scholl der Lärm?

Rascher Auftritt von Lybia, Asträa und Baba

Baba Vom Meer!

Lybia, Asträa	Die Griechen sind's!
Circe	Ulyss! Ulyss!
Lybia, Asträa, Baba	Sie fliehn!
Circe	Hörst du mich, Ulyss, so weile!
Lybia, Asträa, Baba	Weile!
Circe	Sieh, es spricht ja nicht die Zaub'rin,
Lybia, Asträa, Baba	die Zaub'rin,
Circe	nein, beseelt von Liebe, Circe!
Lybia, Asträa, Baba	Circe!
Ulyss	*hinter der Szene* Hören wieder unsre Lieder, trinken wieder unsern Wein, küssen wieder unsre Weiber und wir werden glücklich sein!
Circe	Er träumt von der Heimat, er hat mich vergessen, er flieht ohne Reue, verrät unser Glück!

Circe wirft plötzlich die Arme beschwörend zum Himmel. Gewitter, Sturm, Finsternis.

Circe	Rache! Verderben über sein Haupt!
Lybia, Asträa, Baba	Rache, Verderben! Laß' rasen die Wellen, zerschmettre ihr Schiff!
Männerstimmen	*hinter der Szene* Meidet das Riff!
Circe	Rache! Verderben über sein Haupt!
Lybia, Asträa, Baba	Rache, Verderben! Ja, laß' sie zerschellen und stranden am Riff!
Männerstimmen	*hinter der Szene* Rettet das Schiff!

Circe läßt die Arme fallen und bricht zusammen. Das Gewitter ist mit unnatürlicher Plötzlichkeit beendet. Große Helligkeit, strahlend blauer Himmel.

Lybia, Asträa, Baba Herrin!

Baba bemüht sich um Circe. Lybia und Asträa suchen mit einem Perspektiv den Horizont ab.

Circe Nein, ich bring's nicht über mich,
zu verderben, den ich liebte!

Baba Weh uns, diese falschen Griechen
sind entkommen und verschwunden!

Lybia und Asträa haben eine interessante Entdeckung gemacht und beeilen sich, Circe die Neuigkeit mitzuteilen.

Lybia, Asträa Doch ein fremdes Schiff versank,
Fremde warf der Sturm ans Land!

Circe *noch schwach, aber schon wieder leicht interessiert*
Fremde?

Lybia, Asträa Fremde!

Circe Fremde Männer?

Lybia, Asträa, Baba So, wie immer,
fremde Männer!

Circe *leidenschaftlich ausbrechend*
Nein, ich kann sie nicht ertragen,
Männer will ich nie mehr sehn!

Im Verlauf des folgenden Ensembles neigt sich Circe ganz allmählich ihrer ursprünglichen Bestimmung wieder zu und wird wieder zu dem, was sie gewesen

Baba Hast du wirklich schon vergessen,
was dich deine Mutter lehrte:
Alle Männer zu verwandeln
je nach Fall und Lust und Laune?

Asträa Bald in Schweine, bald in Löwen
oder Adler oder Esel.

Lybia, Baba Je nach Fall und Lust und Laune
alle Männer zu verwandeln,
lehrte dich die kluge Mutter,
danach sollst du immer handeln!

Asträa Und in Tiger oder Böcke
oder Affen sie verwandeln!

Lybia und Asträa schaffen eilig das Kostüm herbei, in dem Circe die Fremden zu verzaubern pflegt. Es muß das gleiche Kostüm sein wie zu Anfang, eine Art »Ornat«. Auch der Becher mit dem Zaubertrank wird herbeigeholt.

Circe — *mit einem klaren Entschluß*
Alles sei, wie es gewesen,
alles werde, wie es war,
daß in meinen Zaubergärten,
alle Männer, die hier stranden,
sich als Tiere wiederfinden,
sich zu meiner Lust verwandeln!

Baba
Alles sei wie es gewesen,
alles werde wie es war,
daß in deinen Zaubergärten
alle Männer die hier stranden
sich als Tiere wiederfinden,
sich zu deiner Lust verwandeln!

Lybia, Asträa
In Schweine, in Löwen,
in Adler, in Esel!

Der durch Circes Beschwörung: »Alles sei, wie es gewesen!« wieder in seine erste Gestalt zurückverwandelte Arsidas betritt beglückt die Bühne. – Circe wird von den Mädchen mit dem »Ornat« bekleidet und geschmückt. Auch Brutamonte erscheint in seiner früheren Gestalt.

Arsidas
Alles ist, wie es gewesen,
wie zuvor bin ich jetzt frei,
und die schimpfliche Behandlung
und die schmähliche Verwandlung
sind vergessen und vorbei!

Circe
Denn ich habe nicht vergessen,
was mich meine Mutter lehrte,
gern mich ihrer Weisheit beugend,
will ich immer danach handeln!

Baba
Denn du hast ja nicht vergessen,
was dich deine Mutter lehrte,
gern dich ihrer Weisheit beugend,
wirst du immer danach handeln!

Arsidas beugt sich demütig vor Circe. Ebenso Brutamonte. Beide verschwinden, ohne daß jemand von ihnen Notiz genommen hat.

Circe geht, geschmückt und mit dem Becher in den Händen, mit wiegenden Hüften und langsamem, aufreizendem Gang zur Rampe, von den Mädchen in feierlichem Aufzug geleitet.